BIBLIOTHÈQUE
DES ÉCOLES ET DES FAMILLES

DAUBENTON

PAR

E. MÉNAULT

PARIS

LIBRAIRIE HACHETTE ET Cⁱᵉ

79, boulevard Saint-Germain, 79

DAUBENTON

PAR

ERNEST MENAULT

PARIS

LIBRAIRIE HACHETTE ET Cⁱᵉ

79, Boulevard Saint-Germain, 79

1883

DAUBENTON

DAUBENTON

Louis-Jean-Marie Daubenton est né à Montbard, Côte-d'Or, le 29 mai 1716, de Jean Daubenton, notaire en ce lieu, et de Marie Pichenot. Dès son enfance, on remarqua la douceur de son caractère et son ardeur pour le travail. Sa famille le destinant à la carrière ecclésiastique le mit chez les jésuites de Dijon, où il eut des succès dans toutes ses classes. Il fit sa philosophie sous les dominicains de cette ville, puis ses parents l'envoyèrent à Paris pour étudier la théologie; mais le jeune Daubenton se livrait en secret à l'étude de la médecine et assistait aux cours de la Faculté. La mort de son père, qui survint en 1736, lui permit de suivre son penchant; il se fit recevoir médecin à Reims et retourna à Montbard, où il

aurait sans doute exercé sa profession, si
Buffon, son compatriote, ne se l'était at-

MONTBARD.

taché. Ce fut vers l'année 1742 qu'il l'atti.
à Paris. La place de garde et de démo.

strateur du cabinet d'histoire naturelle n'était pour ainsi dire pas occupée ; le titulaire Noguez vivait en province et son cours était irrégulièrement professé par un attaché au Jardin. Grâce à Buffon, Daubenton obtint cette place en 1745, avec les modestes appointements de 500 francs, qui furent élevés successivement jusqu'à 4000 francs. Son illustre protecteur lui donna d'abord un logement, puis il lui fit accorder des subventions, de façon à ce qu'il pût se livrer entièrement à la science. Ce qu'il fit avec la plus grande ardeur et la conscience la plus scrupuleuse. Le cabinet d'histoire naturelle du Jardin des Plantes ne contenait que des coquilles rassemblées par Tournefort ; elles avaient servi depuis à amuser les premières années de Louis XV et plusieurs même portaient l'empreinte des caprices de l'enfant royal. En peu d'années, il fut complètement transformé. Les minéraux, les fruits, les bois et les coquillages furent rassemblés de toutes parts et admirablement classés. Les pro-

cédés de conservation des dépouilles ani-
males furent étudiés avec soin; ils per-
mirent de créer des collections utiles qui
servirent à comparer et à préparer la philosophie de l'histoire naturelle.

Daubenton se passionna pour son œuvre;
il s'enfermait pendant des journées entières
dans le cabinet, il y retournait de mille ma-
nières les objets qu'il avait rassemblés; il
en examinait scrupuleusement toutes les
parties; il essayait la meilleure classifica-
tion possible pour l'œil et la science. Ce
travail devint considérable surtout quand
des victoires apportèrent au Muséum d'histoire naturelle de nombreuses richesses. Il
y suffit, et on le verra jusqu'à quatre-vingt-
quatre ans, la tête courbée sur la poitrine,
les mains et les pieds déformés par la goutte,
ne pouvant marcher que soutenu par deux
personnes, se faire conduire, chaque matin, au Muséum pour y présider à la disposition des minéraux.

Daubenton ne se contenta pas de classer

ces richesses, il en entreprit la description, mais des circonstances particulières l'empêchèrent de pousser cette description plus loin que les quadrupèdes. C'était pour l'époque un travail considérable; on peut s'en faire une idée en disant qu'il comprend la description tant extérieure qu'intérieure de cent quatre-vingt-deux espèces de quadrupèdes, dont cinquante-huit n'avaient jamais été disséquées et dont treize n'étaient pas même décrites extérieurement. Il contient de plus la description extérieure seulement de vingt-six espèces, dont cinq n'étaient pas connues. Comme l'a dit Cuvier dans son éloge sur Daubenton, « le plus grand mérite de l'ouvrage est encore l'ordre et l'esprit dans lequel sont rédigées ces descriptions et qui est le même pour toutes les espèces ». Daubenton se plaisait à répéter qu'il était le premier qui eût établi une véritable anatomie comparée; et cela, ajoute Cuvier, était vrai en ce sens que, toutes les observations étant disposées sur le même plan et que leur nombre étant le même pour le plus petit animal comme pour le plus grand, il est extrêmement facile d'en saisir tous les rapports; que, ne s'étant jamais astreint à aucun système, il a porté une attention égale sur toutes les parties, et qu'il n'a jamais dû être tenté de négliger ou de masquer ce qui n'aurait pas été conforme aux règles qu'il aurait établies.

Aussi cet ouvrage peut-il être considéré comme une riche mine où les naturalistes et les anatomistes qui s'occupent des quadrupèdes sont obligés de fouiller et d'où plusieurs écrivains ont tiré des choses très précieuses sans en indiquer la source. Il suffit quelquefois de faire un tableau de ses observations pour en observer les résultats les plus piquants; et c'est ainsi qu'on doit entendre ce mot de Camper : que Daubenton ne savait pas toutes les découvertes dont il était l'auteur.

L'ouvrage de Daubenton parut en même temps que celui de Buffon; le savan anatomiste n'avait ni l'imagination, **ni** le style coloré, ni même l'audace des conclusions de son protecteur, il ne pouvait plaire au même titre à tous les lecteurs.

Aussi, lorsque tous les naturalistes de l'Europe recevaient, avec une reconnaissance mêlée d'admiration, les résultats des immenses travaux de Daubenton, lorsqu'ils qualifiaient son œuvre d'*ouvrage d'or*, d'*ouvrage vraiment classique*, des lecteurs superficiels chansonnèrent l'auteur à Paris. Des flatteurs parvinrent même à faire entendre à Buffon qu'il fallait se débarrasser d'un collaborateur gênant.

Buffon, qui ne pouvait rien perdre à la collaboration de son savant ami, eut le tort de la repousser; il fit une édition de l'*Histoire naturelle* en treize volumes in-12 dont il retrancha non seulement la partie anatomique, mais encore les descriptions de l'extérieur des animaux qui avaient été rédigées par Daubenton pour la grande édition. Il fit de même pour ce qu'il publia depuis sur les oiseaux et les minéraux.

Outre l'affront, Daubenton éprouvait par là une perte considérable. Il aurait pu plaider, puisque l'entreprise de l'histoire naturelle avait été concertée en commun; mais, pour cela, il aurait fallu se brouiller avec l'intendant du Jardin du roi, il aurait fallu quitter le cabinet du Muséum qu'il avait créé et auquel il tenait comme à la vie; il oublia l'affront et la perte, et il continua ses études.

La conduite de Daubenton dans cette circonstance fut admirable. Malgré tout le chagrin qu'il ressentit quand il vit paraître les nouveaux ouvrages de son protecteur remplis d'inexactitudes, la reconnaissance, l'affection étaient si grandes dans le cœur de ce savant modeste, qu'il oublia les injustices de son ami, à ce point qu'il consentit à contribuer à plusieurs parties de l'*Histoire naturelle*, quoique son nom n'y fût plus attaché. Et Cuvier affirme qu'il a eu la preuve que Buffon a pris connaissance de tout le manuscrit des leçons de Daubenton au Collège de France, lorsque ce célèbre écrivain a fait paraître son *Histoire des minéraux*. Tels furent le désintéressement, la modestie, l'excellence de cœur du savant Daubenton, que son compatriote ne put s'empêcher de revenir à lui, et l'intimité de ces deux hommes si bien faits pour se compléter se rétablit sans que rien depuis pût la rompre, si ce n'est la mort.

Cuvier a parfaitement résumé les travaux de Daubenton. En zoologie, il a découvert cinq espèces de chauves-souris et une de musaraigne qui avaient échappé avant lui aux naturalistes, quoique toutes assez communes en France.

Il a donné une description complète de l'espèce de chevrotin qui produit le musc et il a fait des remarques curieuses sur son organisation.

Il a décrit une conformation singulière dans les organes de la voix de quelques oiseaux étrangers.

Il est le premier qui ait appliqué la connaissance de l'anatomie comparée à la détermination des espèces de quadrupèdes dont on trouve les dépouilles fossiles, et il a ouvert ainsi une carrière importante pour l'histoire des révolutions du globe. Il a détruit ces idées ridicules de géants qui se renouvelaient chaque fois qu'on déterrait les ossements de quelque grand animal.

Au Garde-Meuble, on conservait un grand os que l'on regardait comme l'os de la jambe d'un géant. Grâce à l'anatomie comparée, Daubenton reconnut que ce devait être l'os d'une girafe, quoiqu'il n'eût jamais vu cet animal et qu'il n'existât point de figure de son squelette. Il a eu la satisfaction de vérifier lui-même sa conjecture, lorsque, trente ans après, le Muséum a pu se procurer un squelette de cet animal.

Avant Daubenton, on n'avait que des idées vagues sur les différences de l'homme et de l'orang-outang : quelques-uns regardaient celui-ci comme un homme sauvage, d'autres allaient jusqu'à prétendre que c'est l'homme qui a dégénéré et que sa nature est de marcher à quatre pattes. Daubenton prouva, par une observation ingénieuse et décisive sur l'articulation de la tête, que l'homme ne pourrait marcher autrement que sur deux pieds, ni l'orang-outang que sur quatre.

En physiologie végétale, il est le premier qui ait appelé l'attention sur ce fait que tous les arbres ne croissent pas par des couches extérieures et concentriques. Un tronc de palmier qu'il examina ne lui montra aucune de ces couches : éveillé par cette observation, il s'aperçut que l'accroissement de cet arbre se fait par le prolongement des fibres du centre qui se développent en feuilles. Il expliqua par là pourquoi le tronc du palmier ne grossit point en vieillissant, et pourquoi il est d'une même venue dans toute sa longueur.

Daubenton est aussi le premier qui ait reconnu dans l'écorce des arbres des trachées que d'autres avaient constatées dans le bois.

Dans la science minéralogique, il a eu l'honneur d'être le maître du célèbre Haüy. Voici, à ce sujet, une anecdote intéressante. Pendant le règne de la Terreur, notre compatriote Étienne Geoffroy Saint-Hilaire avait sauvé d'une mort certaine son professeur l'abbé Haüy. Celui-ci n'oublia point ce service, et il présenta son élève à Daubenton, en lui disant : « Aidez, aimez, adoptez mon jeune libérateur. » Daubenton, on le sait, tint le plus grand compte de cette recommandation bienveillante.

Nous venons de faire connaître Daubenton comme savant ; nous avons vu avec quelle patience, avec quel esprit de précision il étudia, il décrivit l'histoire des animaux. Et, s'il ne se hasarda pas dans des conclusions prématurées, s'il s'abstint de généralisations dont les faits ne lui paraissaient pas suffisants, toujours dans toutes ses études il chercha le parti utile qu'on en peut tirer. Ainsi, suivant la remarque de Lacépède, s'il

traite des minéraux, il se plaît à montrer
aux agriculteurs les diverses terres qui pro-
mettent le plus de fertilité; aux architectes
les matériaux de la demeure modeste du
citoyen et les blocs de marbre ou de granit
qui rendent les monuments immortels; aux
joailliers les propriétés diverses des pierres
rares et brillantes. S'il s'occupe de végétaux,
il aime à dire quels sont ceux qui conviennent à la nourriture de l'homme, à celle
des animaux; quels arbres donnent au na-
vigateur, au charpentier, au menuisier, à
l'ébéniste, au teinturier les plus belles tiges,
les poutres les plus solides, les planches les
plus satinées, les substances les plus précieuses. Enfin, s'il considère les animaux,
il indique quelles espèces sont les plus
fécondes; les plus faciles à familiariser, à
nourrir, à perfectionner; les plus capables
de résister aux intempéries; les plus sobres
pour les voyages; les plus fortes pour les
transports; les plus patientes pour les travaux champêtres; les plus courageuses pour

la guerre ; les plus propres à donner un aliment salutaire, des tissus chauds ou légers, des ornements élégants et gracieux, des modèles pour les arts.

La science appliquée, telle a été la préoccupation constante de Daubenton. Et un de ses plus grands titres aux yeux de l'humanité est l'initiative qu'il a prise dans les questions relatives à l'acclimatation. Une magnifique expérience couronnée d'un éclatant succès a complété sa gloire et doublé la richesse agricole de la France.

Le premier, dit Isidore Geoffroy Saint-Hilaire, il a passé de la parole à l'action et nous lui devons les seules grandes applications de la zoologie à l'agriculture qui aient été faites en France dans le XVIIIe siècle : l'amélioration de nos races ovines par une suite d'expériences dignes de servir de modèles à tous les essais de ce genre, et l'acclimatation de moutons à laine fine d'Espagne inutilement tentée avant lui.

M. Huzard a parfaitement retracé à la

Société d'Acclimatation quelle fut l'œuvre de Daubenton dans l'amélioration de l'espèce ovine.

Colbert, frappé de la quantité de numéraire qui sortait de France pour l'achat des laines fines et des draps fins, chercha à affranchir la France du tribut qu'elle payait à l'Espagne. Il essaya d'acclimater le mouton mérinos en France ; un certain nombre de ces moutons furent placés chez divers agriculteurs, mais leur élevage ne réussit pas, et leur multiplication ne put s'effectuer, faute de connaissances spéciales pour l'obtenir.

Un siècle après que Colbert eut commencé ses tentatives, en 1766, Trudaine, intendant des finances sous Louis XV, voulut savoir si les races françaises pouvaient donner des laines fines comme celles d'Espagne ; il consulta Daubenton, qui n'hésita pas à se prononcer pour l'affirmative.

Trudaine demanda alors à Daubenton *s'il voulait se charger de faire les expé-*

***

riences nécessaires pour améliorer les laines de France au point de finesse des laines d'Espagne, de façon à les remplacer dans nos manufactures de draps fins. Les observations que Daubenton avait faites depuis longtemps sur les races métisses des animaux domestiques, l'amenèrent à croire que, par un bon choix de béliers et de brebis, on pourrait rendre les laines plus fines ou plus longues. D'après ces considérations, Trudaine lui proposa de faire les expériences nécessaires. Il s'en chargea d'autant plus volontiers que le climat de la France lui paraissait plus favorable aux bêtes à laine que celui de l'Espagne ou de l'Angleterre, parce qu'il y a moins de chaleur en France qu'en Espagne, et moins de brouillards qu'en Angleterre.

Le gouvernement fit venir successivement des béliers et des brebis du Roussillon, de Flandre, d'Angleterre, du Maroc, du Thibet et d'Espagne. Daubenton mit toutes ces races de bêtes à laine dans la bergerie qu'il

MOUTONS MÉRINOS.

avait établie près Montbard, dans un canton un peu montueux. Il ne construisit point d'étable, il tint tous ses animaux en plein air nuit et jour pendant toute l'année. Deux ans après la création de cet établissement, il fit connaître à l'Académie des sciences le résultat de ses travaux.

En 1768, il lut un mémoire sur la rumination et sur le tempérament des bêtes à laine; en 1769, sur les bêtes à laine parquées toute l'année.

Puis il indiqua les moyens qu'il employait pour l'amélioration des laines.

« J'alliai, dit-il, les béliers dont la laine était la plus fine avec les brebis à laine jarreuse qui avaient autant de poil que de laine pour juger par ces extrêmes de l'effet de la laine du bélier sur celle de la brebis : je fus très surpris de voir sortir de ce mélange un bélier à laine superfine. Cette grande amélioration me donna d'autant plus d'espérances pour le succès de mon entreprise, qu'elle avait été produite par un bélier du Roussillon, car je n'avais point alors de béliers d'Espagne. »

M. de la Tour d'Aigues, premier président au parlement d'Aix, vers 1760, a introduit un certain nombre de mérinos en France.

C'est ensuite M. de Barbançois et le ministre Turgot qui ont fait les plus grands efforts pour l'introduction de ces mêmes mérinos.

C'est grâce à Tessier, le célèbre agronome d'Angerville, qu'est due l'importation et le développement du troupeau mérinos de Rambouillet.

Daubenton, en 1776, déclare qu'il lui vint des béliers et des brebis d'Espagne. Alors, dit-il, « j'eus sept races de bêtes à laine très distinctes, y compris la race de l'Aunois, qui est le pays où ma bergerie est située. J'ai perpétué jusqu'à présent toutes ces races sans mélange pour savoir ce qu'elles deviendraient dans ma bergerie. J'ai aussi allié ces sept races entre elles pour avoir d'autres races métisses, et pour connaître à quel degré elles influeraient les unes sur les autres relativement à l'amélioration des laines.

» Par ces expériences suivies avec les plus grandes précautions pour qu'il n'y eût point d'équivoque, j'ai amené toutes les races de ma bergerie au degré de finesse de la laine d'Espagne, sans tirer de nouveaux béliers de ce pays, ni du Roussillon. »

Après avoir obtenu la finesse de laine, Daubenton voulut se rendre compte de ce que la laine améliorée donnerait fabriquée comparativement avec le drap de laine d'Espagne. En 1783, il envoya 404 kilogrammes de ses laines à l'entrepreneur de la manufacture de draps de Château du Parc, près Châteauroux, en Berry, où elles donnèrent des résultats excellents; les draps qu'on en obtint furent plus forts que ceux de laine d'Espagne.

Cela fut un évènement important pour les manufactures et pour le commerce. L'amélioration des laines fines se propagea. Les propriétaires de troupeaux qui ont acquis des béliers dont la laine était plus fine que celle des brebis du pays, ont eu la satisfaction de voir leurs laines se perfectionner et augmenter de prix. Daubenton déclare que des béliers et des brebis d'Espagne se sont déjà perpétués pendant nombre d'années dans plusieurs provinces, sans avoir dégénéré, mais il ajoute que les bêtes à laine étrangères ne sont pas nécessaires pour multiplier en France les laines superfines et les laines longues.

En 1782, Daubenton publia la première édition de son instruction pour les bergers et pour les propriétaires de troupeaux. Cet ouvrage eut un grand succès ; il fut traduit à l'étranger. Cuvier a parfaitement résumé la valeur de ce travail.

Mettre dans tout son jour l'utilité du parcage continuel ; démontrer les suites pernicieuses de l'usage de renfermer les moutons dans les étables pendant l'hiver ; essayer les

divers moyens d'en améliorer la race ; trouver
ceux de déterminer avec précision le degré
de finesse de la laine ; reconnaître le véritable mécanisme de la rumination ; en
déduire des conclusions utiles sur le tempérament des bêtes à laine et sur la manière
de les nourrir et de les traiter ; disséminer
les produits dans toutes les provinces ; dis-
tribuer ses béliers à tous les propriétaires
de troupeaux ; faire fabriquer des draps
avec ses laines pour en démontrer aux plus
prévenus la supériorité ; former des bergers
instruits pour propager la pratique de sa
méthode ; rédiger des instructions à la portée
de toutes les classes d'agriculteurs : tel est
l'exposé rapide des travaux contenus dans
l'instruction pour les bergers et pour les
propriétaires de troupeaux.

Le caractère des travaux de Daubenton,
sa modestie, sa discrétion le faisaient quelquefois même méconnaître d'hommes in-
capables de l'apprécier ; mais Buffon lui
décerna cet éloge bien mérité. « Daubenton

n'a jamais ni plus ni moins d'esprit que n'en exige le sujet de sa pensée. » Le fait est qu'il a toujours su être à la hauteur de ce qu'il a entrepris, que, de plus, il a été un modèle de vertus civiques et privées. Aussi peu d'hommes ont-ils été plus estimés que lui.

Lorsque en 1787 Louis XVI vint visiter au Muséum d'histoire naturelle la galerie des oiseaux, chef-d'œuvre du conservateur, Daubenton, occupé par ses démonstrations et les yeux fixés sur un rayon élevé, trébucha : « Vous êtes déjà âgé, monsieur Daubenton, lui dit le roi, et vous ne devriez pas marcher sans canne. » Peu de jours après, le naturaliste recevait de la part du roi une magnifique canne à pomme d'or, aux cordons de laquelle, en guise de coulant, se trouvait une bague de prix.

Le patriotisme et le désintéressement de ce savant illustre n'étaient pas moins déve-loppés que son intelligence. Ainsi, après la Révolution française, il provoqua les dépositaires de l'autorité à supprimer toutes les places privilégiées et offrit le premier de se démettre de celles qu'il occupait et qui n'étaient, comme l'a dit M. Richard (du Cantal), que la légitime récompense de ses talents et des immenses services rendus aux sciences et au pays.

Cependant, en l'an II de la République, il n'échappa à la proscription qu'en obtenant un certificat de civisme de la section des Sans-culottes, où il fut présenté comme berger. Voici le certificat :

« Appert que, d'après le rapport fait de la société fraternelle de la section des Sans-culottes sur le bon civisme et les faits d'humanité qu'a toujours témoignés le berger Daubenton, l'assemblée générale arrête unanimement qu'il lui sera accordé un certificat de civisme, et le président, suivi de plusieurs membres de la dite assemblée, lui donne l'accolade avec toutes les acclamations dues à un vrai modèle d'humanité, ce qui

été témoigné par plusieurs reprises.
   Signé : R. G. Dardel, Président.
Pour extrait conforme :
   Signé : Dumont, Secrétaire. »

Daubenton, qui avait été chargé d'un cours d'histoire naturelle au Collège de France, et d'un cours d'économie rurale à l'école d'Alfort, demanda à la Convention que le Jardin des Plantes fût converti en une école spéciale d'histoire naturelle.

En 1793, il y fut nommé professeur de minéralogie, et il a rempli les fonctions de cette charge jusqu'à sa mort, avec la même exactitude qu'il mettait à tous ses devoirs.

Ce savant vénéré, après avoir passé soixante ans à s'occuper avec un zèle infatigable de tout ce qui pouvait contribuer au bonheur de ses semblables et à la gloire de la patrie, n'avait pas mille écus pour faire réimprimer son livre pour l'instruction des cultivateurs. La preuve en est dans l'extrait suivant du procès-verbal de la séance de la

Convention nationale du 1ᵉʳ nivôse an III
rédigé par Lakanal :

« Je viens vous parler, au nom de vos cc
mités réunis d'instruction publique, d'agri
culture et des arts, du patriarche de
sciences, du vénérable Daubenton.

» Cet infatigable physicien, qui a formé le
collections immenses du Muséum d'histoir
naturelle, qui les a soignées et démontréc
au public pendant cinquante-trois ans,
employé une partie de sa fortune et plusieur
années de sa vie à faire croître sur le sc
de France des laines aussi fines que celle
d'Espagne, dont l'importation coûte chaqu
année plusieurs millions.

» Ces moyens d'amélioration sont prouvé
et confirmés par vingt-cinq ans d'expé
rience ; grand nombre de citoyens ont mis e
pratique avec succès le *Traité des mouton*
donné par ce naturaliste célèbre.

» Cet ouvrage important vient d'être re
touché par l'auteur et enrichi de nouvelle
expériences, faites à sa bergerie de Montbarc

» Appauvri par le bien même qu'il a fait aux sciences et aux arts, réduit par la Révolution à une fortune très bornée, Daubenton ne peut pas faire la dépense de l'impression de son ouvrage : cependant l'intérêt de l'agriculture la réclame, et la justice demande de la faire tourner au profit de l'auteur.

» Il est en effet digne d'une nation qui couvre d'une protection éclairée les savants utiles à leur pays, de leur faire trouver le prix de leurs travaux dans leurs travaux eux-mêmes.

» Nous vous proposons, en conséquence, le projet de décret suivant :

» La Convention nationale, ouï le rapport de ses comités réunis d'instruction publique, d'agriculture et des arts :

» Décrète que le *Traité sur les moutons*, par le citoyen Daubenton, sera imprimé et tiré à deux mille exemplaires au profit de l'auteur et aux frais de la nation, sur les fonds mis à la disposition de la commission exécutive de l'instruction publique, qui demeure chargée de l'exécution du présent décret. »

Ce projet de décret fut adopté.

N'est-ce pas là le plus bel éloge qu'on puisse faire de Daubenton? Aussi nous n'insisterons pas davantage sur ses mérites. Qu'il nous suffise, en terminant, d'ajouter que, lors de l'existence éphémère de l'École normale, il y fit quelques leçons; qu'il a écrit pour l'*Encyclopédie méthodique* les dictionnaires des quadrupèdes, des reptiles et des poissons; qu'il a contribué à la rédaction du *Journal des savants;* qu'enfin il avait entrepris de composer des *Éléments d'histoire naturelle* à l'usage des écoles primaires qu'il n'a pu achever.

Élu membre du Sénat conservateur, Daubenton voulut remplir ses nouveaux devoirs comme il avait rempli ceux de toute sa vie. Il fut obligé de faire quelques changements à ses habitudes. On était en hiver, le froid sévissait avec vigueur. Et la première fois

qu'il assista aux séances du corps qui venait
de l'élire, il fut frappé d'apoplexie et tomba
dans les bras de ses collègues effrayés. On
lui porta secours aussitôt, il reprit connaissance, et, observateur tranquille de la nature, il tâtait avec les doigts qui étaient
restés sensibles les diverses parties de
son corps, il indiquait les progrès de la pa-
ralysie; il mourut après cinq jours d'agonie,
le 31 décembre 1799, à l'âge de quatre-
vingt-quatre ans. Il avait passé cinquante-
sept ans au Muséum d'histoire naturelle.

A cette nouvelle, les professeurs de cet
établissement, convoqués extraordinaire-
ment, se réunirent à dix heures du matin, le
11 nivôse an VII de la République. Le citoyen Fourcroy, directeur, leur annonça la
perte que venaient de faire les sciences en
général, et le Muséum en particulier, dans
la personne du citoyen Daubenton, mort
cette nuit à une heure du matin. Tous les
membres de l'assemblée émirent le vœu de
conserver au milieu d'eux le corps de ce

savant qui fut l'un des fondateurs du Muséum, leur précurseur dans la carrière des sciences naturelles, leur doyen et leur vénérable ami.

Ils conçurent en même temps le projet de rendre à sa mémoire, et dans la cérémonie funèbre même, un honneur digne de cet homme illustre.

L'administration prit en conséquence l'arrêté suivant :

« L'administration du Muséum d'histoire naturelle, qui vient de faire la perte d'un de ses membres, le citoyen Daubenton; considérant que les restes de cet homme précieux doivent être conservés avec les soins et la dignité qui conviennent à l'illustration de sa vie; qu'il est utile à l'avancement des connaissances humaines et à l'émulation nécessaire pour les propager de donner à la mémoire des citoyens aussi recommandables par leurs travaux que l'a été le citoyen Daubenton, tous les témoignages de respect et de la reconnaissance publique, arrête qu'il

sera fait des démarches auprès du gouvernement pour obtenir de lui que le corps de ce
professeur illustre, qui a vécu plus d'un
demi-siècle dans l'enceinte du Muséum,

COLONNE ÉLEVÉE A LA MÉMOIRE DE DAUBENTON
AU JARDIN DES PLANTES.

sera inhumé dans le Jardin des Plantes ; qu'il
sera élevé sur le lieu de sa sépulture une
colonne portant son buste avec une inscrip-
tion ; que la colonne sera entourée d'une
barrière ombragée de cyprès et garnie de

fleurs autour de sa base ; qu'il sera pris des mesures pour que le corps de Buffon, transporté et déposé près de celui de Daubenton, y reçoive une sépulture et un monument analogues ; que le citoyen Molinos, architecte, sera consulté sur l'érection de ces deux monuments. »

Cet arrêté fut sur-le-champ porté par un professeur au ministère de l'intérieur, dont il reçut à l'instant même l'approbation.

Cinq jours après, le 16 nivôse, on lisait dans le *Patriote français* le compte rendu des funérailles de Daubenton par David, le grand peintre.

« C'est aujourd'hui que le vénérable Daubenton a reçu les honneurs funèbres. Ses amis, ses collègues de l'Institut national et du Sénat conservateur, ceux auxquels il dévoilait naguère les secrets de la nature, un grand nombre de gens de lettres et plusieurs membres des premières autorités de la République, le général Lefèvre et son état-major, les magistrats de Paris, s'étaient réunis pour rendre les derniers devoirs au patriarche des sciences.» Vient ensuite la description curieuse des funérailles.

Depuis, la Société d'Acclimatation a complété les sentiments de reconnaissance dus à la mémoire de Daubenton.

Dans sa séance du 3 mai 1861, sur le rapport présenté, au nom du conseil d'administration, par M. Drouyn de Lhuys, alors vice-président, la Société avait institué une commission et ouvert une souscription pour l'érection d'une statue à Daubenton. L'appel fait par elle à la reconnaissance publique en vue d'honorer la mémoire de l'illustre naturaliste agriculteur reçut l'accueil favorable qu'il méritait, et l'inauguration de ce monument élevé au Jardin d'Acclimatation a eu lieu le dimanche 13 novembre 1864.

L'éloge de Daubenton fut successivement prononcé par M. de Quatrefages, MM. Richard (du Cantal) et Viard, maire de Montbard, qui exposèrent ses titres comme savant naturaliste, comme éminent agriculteur praticien, comme bienfaiteur de l'humanité.

Les plus vives félicitations furent ensuite adressées de toutes parts à l'habile artiste, M. Godin, auteur des statues du général Damesme, de Jacques Amyot, sur ce nouveau chef-d'œuvre, objet de l'admiration générale.

Telle fut la vie si admirablement remplie de Daubenton, qui donna l'exemple de toutes les vertus privées et publiques, chez qui la science n'eut d'égale que la modestie. Esprit sérieux, cœur humain, il semble qu'il ne voulut jamais cesser de s'instruire pour ne point cesser d'être utile à son pays. Et, comme le dit Lacépède, il suivit avec la même facilité et conserva avec le même plaisir les principes de liberté, de justice et d'humanité que la philosophie proclama dans les beaux jours de la Révolution française.

FIN

MOTTEROZ, Adm.-Direct. des Imprimeries réunies, B, Puteaux.

BIOGRAPHIES D'HOMMES ILLUSTRES

CHAQUE VOL. : Broché.............. 15 c.

— Couverture en couleurs. 25 c.

Alexandre-le-Grand.	Gutenberg.
Ampère.	Kléber.
Arago	La Pérouse.
Beethoven.	Lavoisier.
Buffon.	Livingstone.
Cavour.	Louvois.
César (Jules).	Magellan.
Charles XII.	Michel-Ange.
Christophe Colomb.	Mirabeau.
Cook.	Mozart.
Cuvier.	Napoléon Ier.
Dante.	Necker.
Daubenton.	Palissy (Bernard).
De l'Orme (Philib.).	Papin.
Desaix.	Puget (Pierre).
Franklin.	Serres (Olivier de).
Galilée.	Solon.
Gama (Vasco de).	Stephenson.
Gœthe.	Washington.
Goujon (Jean).	Watt.

NOTTEROZ, Adm.-Direct. Imp. reunies. B